DEL CUERPO Y SUS ECLIPSES

Enán Burgos

ISBN: 979-10-93053-16-5

INDICE

"Et ce corps est un fait.
Moi. »

"Y ese cuerpo es un hecho.
Yo."

Antonín Artaud, *"Suppôts et Supplications"*.

TEJIDO

Enán Burgos

"Vivid felices, dijo;

Largo curso de edad nunca prolijo;

Y si prolijo, en nudos amorosos

Siempre vivid esposos."

Luis de Góngora, *"Soledades"*.

desde el primer día

la seda a media tinta

    de la mar

qué viento la afina

la ensancha

aclara su opacidad

    en el aire

ningún signo a rimar

palabra jamás urdida

    silenciosa

en su aldea de coral

bajo las sábanas

oscuridad y beso

sucesivos nudos

se deshacen

    en el sueño

más y más lujuria

la mano forzada

a desenguantarse

primicias del tejido

la aguja se rompe

el hilo desenhebrado

sobre el dedo

bordado

    un clavel

rebaño de ovejas

contadas a oscuras

durante el insomnio

ver tejer arañas

hilo de un ovillo

urdido sin norma

       de improviso

descienden

autoras de una trama

donde caen palabras

redes de la memoria

duda que da orilla al oro

la blancura verídica de soles

la corona negra de la luna

voces y suspiros

seguidos de arpones

en lo más mío

el mar sin aliento

la inmovilidad

en la cual bordamos

la danza de tu cuerpo

      de piedra

el pánico vivido

como noche

sospecha y violación

      aguja lucífera

el abrigo impuesto

a la lengua que es delito

hábiles dedos

    ajustando la trama

la llevan lejos

de enredos profundos

el trapicheo de certidumbres

ninguna brizna de hierba resiste

sin tardar mucho

coito de raíces y lianas

vestido va el animal

su túnica de vergüenza

bordada de aleluyas

secreto sin trenzar

matiz del día

en la desnudez de todo origen

nunca más su ser desnudo

        nunca más

aullido de noche

relato de sueños y penas

día capullo

su estambre antecede las señas

encaje ordinario

cerrojos del susurro

chiflidos de los hilos

        ajeno nudo

trama rasgada

        el abandono

precediendo el humus

¡ah papiro!

polvo afligido en la glotis

      el silencio

por la eternidad

grietas mentales

sumergidas por el pavor

y su taladro de gritos

en la larga trenza del deseo

atado el incesto

su cabellera enmarañada

por la niebla

vistiendo los fantasmas

confusa libido

que una correa oprime

       ajuste breve

de la piel y su trama

en alguna parte del poema

la lágrima indomable de la niñez

ninguna necesidad

     de planchar

el textil de la lengua

     signos tiranos

voz remendada

tejido desplegado

lleno de arrugas

     rayas del alma

lienzo

del ser impalpable

hilo anudado

por el no sentido

en la palabra

       se reforma

un nido

la ausencia

ritmo

    no himno

la voz aspira a callarse

el hálito alcanza al ave

en su vuelo de deseo

lana tundida de años

      capa de horas

su usura no miente

color palidecido

ilegible grafismo

borrado por ansias

página blanca

donde pastan ovejas negras

del éxtasis breve

tejido subcutáneo

harto de oscuridad

     lleno de pudor

huellas del áspero tedio

poros tapados

    por la escarcha

paja de nieve

mejor es morir durante

el desenmaraño del sentido

así va el andrajo

       desecho

  maraña

de hilos del chubasco

el sopor tórrido

lo pudre

vuelto ya ripios

      el viento

lo lleva lejos

misión de la lluvia

sobre despojos

útero que me dio mundo

tu trama

malla de enigma

matriz recosida

sin cuidado

cordón flojo

destino incierto

ocaso

al nacer presentido

seísmo del habla

usura del poema

piltrafa de hombre

un junquillo hecho

de patrañas y engaños

la envidia

y su corsé de celos

       desgarra

la seda suave

alelar de manos

tejiendo la lana de brumas

     antaño

la luz de una exaltación

ahora oficio mortal

         rostro cual trapo

empapado y

calado de penas

la extrema opacidad de lo visible

y su hiel desdeñosa

ya hilachento

tronco salobre

a contracorriente

 la nostalgia

 impronunciable

trama de la negación

dedos muy lentos

        adoloridos

el placer ausente

de tu terciopelo

bajo la nieve

     un pétalo

sin esperanza

de repente

     el rojo

de esta tarde de poetas

barca del aire

escapando a las rimas

del deshielo

demasiada hilaza

moño gris del cielo

frases de

      la opacidad

voceadas en cada

anomalía real

riendas del mirar

atadas a límites

fin

    nada obsceno

sin nudos

el tejido se desteje

la aguja vacante

perpleja

    sin hilo

desnuda

telares son los labios

voz lo que tejen

sucesión de silencios

nudos

      palabras

          tijeras

    en filigrana

espiga irrisoria del signo

araña

   hilos

      sin sílabas

hacen el paño

manos aladas del viento

se juntan para tejer

la lana blanca

de las ovejas

del cielo

el satín vibra

    estrafalario

y depravado por la luz

el hilo manchado de sangre

remienda mi herida

me obliga a trenzarme a ti

    muerte

        oh perdón

    vida

tela ajada del tiempo

Junio 14 de 2002

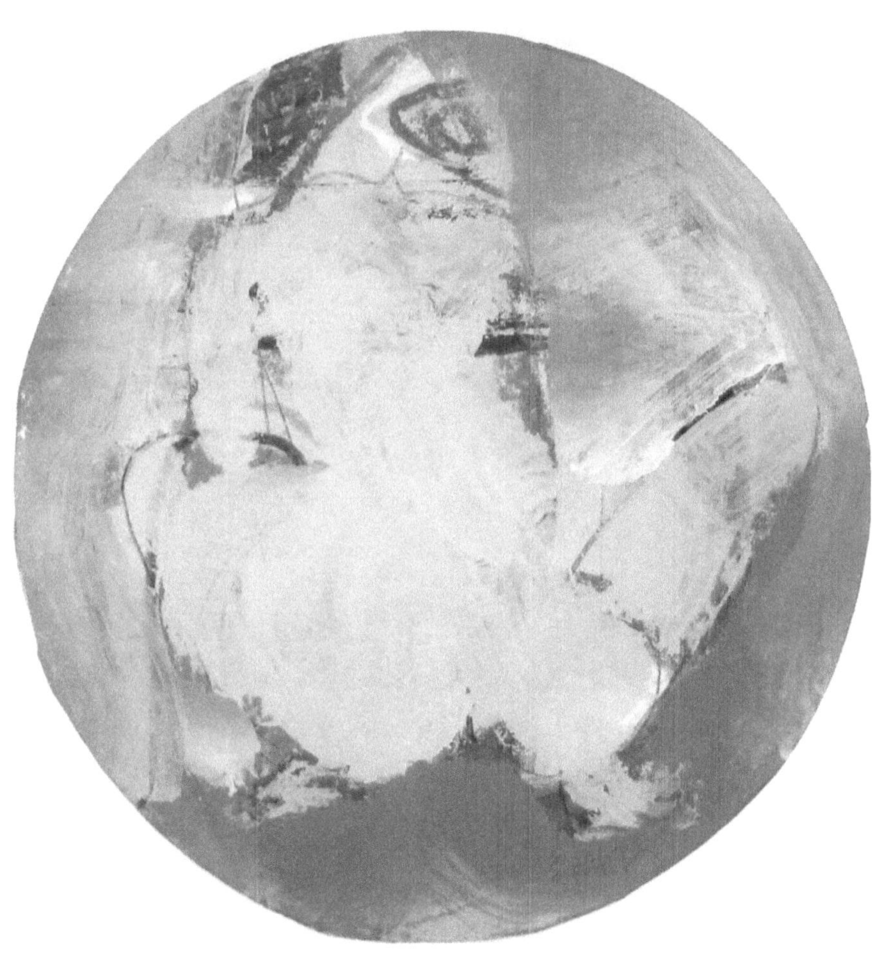

DESNUDEZ

Del cuerpo y sus eclipses

37

Puisqu'une telle fleur ne dure

Que du matin jusques au soir !

"!Ya que esa flor sólo dura

Que del alba hasta el crepúsculo! "

Pierre de Ronsard.

honda desnudez primera

cincelada mal que bien

por los orfebres

       de lo bello

el amor en su breve felicidad

le hace signo de

tenderse

con placidez en el

primaveral lecho de rosas

que alberga sueños

palpables

       ella se niega y

continúa

       a esculpir su sombra

removiendo

        cielo y tierra

el oro animado

fuera de su celda

fuera de su invierno

brota de la roca

belleza

que vi en su cuerpo

gozoso

desnudo

hado de seda

sobre la arena

por sola promesa la

vida

bajo el sol ardiente

43

        quise guardarla en
mis manos

        un segundo de amor

        y comprobar ese
oráculo

compararla a pétalos de rosa

almibarada singularidad

de esta flor

pusilánime y sensible

   a las mariposas sibilinas

del bosque

odas primitivas

el deseo sin rumbo

yacíamos felices

           agua

júbilo de pieles

brotes espontáneos y

manantiales

llenos de romances

quién pudiera imaginarla

    habitarla

tomarla de lleno

en su cuerpo

   muerta o viva

bajo tu blusa transparente

tu cadera

     tu pubis

tu sexo conjugado

rodeado de noche

ahora el beso

alegría que brota

    éxtasis

las aguas que pasan

cruzando tu vida

    harán viborear

tu espalda de martirios

desnudez

a la hora que se debe

todavía temblorosa

bien que ella iza sin
miedo

el naufragio de su ser

más tarde

       vivirás

florecida y destilada

en los perfumes

del tiempo anterior

cuarto propicio

morada de ciertos actos

la carne y su hálito

                    igual que un

fruto

escribe su usura

51

curvas de tu cuerpo

verdadero laberinto

que descubro

cuando en lo desconocido

te toco

52

libre siempre

el despegar del beso

una noche

de inmensa tibieza

piel que se muestra

tu deseo se muere

la moral con su hostigosa

agonía te trae la máscara

        del mal morir

con ella puesta

tu concedes sombra

       te expones apenas

lejos de la lámpara

sin estar desnuda

54

beber

el licor de tu

voz

la lengua embriagada

cuando tu boca

viene a chorrear

a encintar

la mía

55

tu cadera oscura

    demencia del amor

sinuoso camino hacia Dios

paisaje de un pubis muy bello

donde medito

56

gloria al cuerpo desnudo

que proclama su secreto

y rueda hacia
adelante

hacia la ribera odiosa

57

desnudez ondulante

que merece bien esta canción

    nacida de un cisne

gozosa en las aguas

Eros la tomó

después su faz de escena

hábil atrae todo corazón

Mayo 17 del 2001

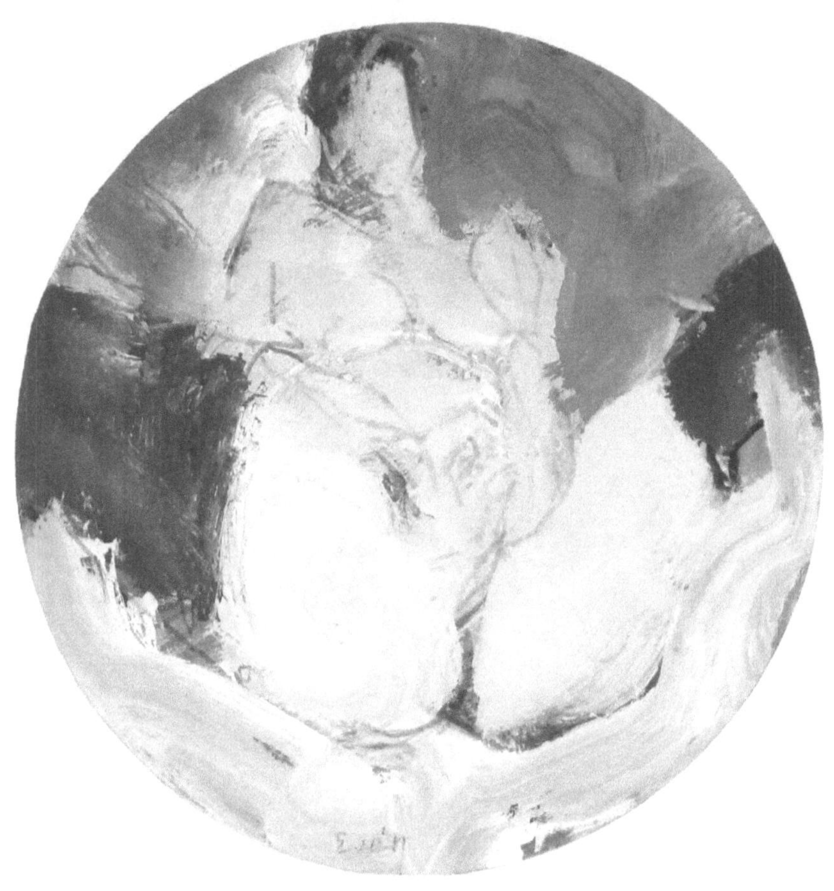

CUERPO

vivo

vierte su deseo

palabra en el

cuello inflada

se pregunta si ya

es tiempo

de exponer

en su breve estancia

la verdad desnuda

responde que signos

profanan su lengua

lagrimeo de flores

que asientan su pena

erguido

frente a los espejos

de toda vergüenza

el ser distante

a veces se rompe

a golpes desafía

lo lánguido

afronta la noche

desangrado en amores

manos en secretos

susto

timoratos dedos

al querer tocar

la carne por dentro

ya que el ardor

desnuda decencias

se apea la culpa

hay alma en los ojos

pesas una pluma

espacio y danza

del cuerpo

las ansias de siempre

reclaman arrullo

remonta de la cintura

un canto de canario

calor entre otros brazos

la quemadura

de un dedo

al tocar las espinas

de una rosa

tu silencio

fulminado

por la desdicha

en la dura cama

busca otra muerte

que mejor arrulle

su ausencia

cuando ya cansado

y presintiendo

jadeante voz

ansiosa en sus bulbos

penuria en el jardín

de flores para la paz

lento el invierno

tu sangre yerta

requiere centellas

aquellos días

de mucha yerba

de mucho goce

de mucho andar

sexo girasol

te abres con el beso

brillas más que astro

tu perlado pubis

íntimo en el lienzo

confiado al mirar

rosácea pintura

pincel amoroso

el alma de oro

destello del cuerpo

no figurado

hostil

al traducir de ojos

con pisadas torpes

vas hacia la noche

cuanto más en llamas

más y más amado

faz con voz de apego

que nunca ama espejos

apenada

cuántas veces

has recibido

la flecha de Eros

la daga del odio

la marea del tiempo

pincelada

acuarela hecha de ocio

papel de seda

donde el reflejo

esboza en la margen

narcisos

del rostro amado

risueña piel

y halagos

azucena de su vello

y jaspes

mejillas pálidas

y antojo

la palabra nace

cebado cuerpo

ceñido por hierros

del amor

que ha sido guerra

robusto escudo

del pecho

que añora puñales

hechizado

por alguna

rara estrella

al perder su pena

con el pie en el limo

canta

arrullado por la onda

le frena el curso

a las aguas

cuerpo

cuello

pecho

abdomen

pubis

cuatro miembros

y uno

que es maldito

duerme

mira

vive

habla

arde

baila

quiere

canta

escrita en tu rostro

la verdad desnuda

Abril 21 de 2002

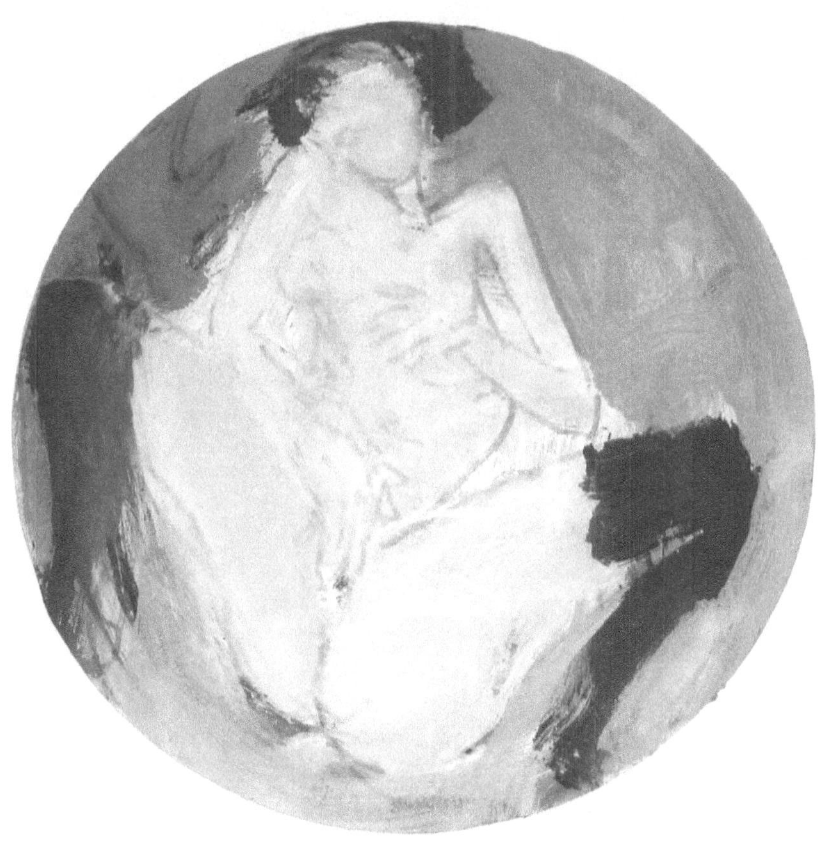

OH ROSTRO
OH BELLEZA

quién yace detrás de ese rostro

cadavérico y

           sin ser de cera

para hallar presencia

recibe un beso

             y reluce

darle nombre

sería maquillarlo

de una mezquina apariencia

cada mueca

cristaliza la ausencia

la mínima inquietud

anarquiza su silencio

hoy como ayer

emperifollado

    hecho trizas

la cabeza baja

la mano en la frente

implora clemencia

faz efímera

      tan sola

cada día una lágrima

rosa tierna de la pubertad

himeneo

sol en los cachetes

primavera

cuyos pétalos no se alteran

Cupido
le ofrece

rubíes y topacios

pero en el rostro

aunque haya risa

se ve la tristeza

cuando en su frente

la hoguera avivada

la angustia le surca

bruscamente arrugas

muecas

       y gemidos

al ver en espejos

la vida impedida

la muerte ostentosa

boca desfachatada

soñando ser bella

labios groseros

pipones de silicona

gemas de sangre

de la falsa lengua

        tronchada

por un dulce beso

82

cráneos a la deriva

libre albedrío

rostro que deja ver

una sonrisa crispada

una fachada

un temblor

al afeitar

sus mentiras

ese *bonche* sólo dura

de la aurora

hasta el crepúsculo

una guadaña lo acecha

mustio

      teta

el rojo que lo mima

primor de la dermis

ojos se abren cordiales

instante de arrullo recio

ni pesadumbre ni celo

palabras tiernas te acunan

suspiradas cara a cara

sobre esta calavera

antaño residió una piel

sobre este cráneo albo y rígido

una rubia cabellera

                    por esos huecos

gélidos y aciagos

donde el cuervo hizo su nido

brotaba tal que una fuente

todo el placer de la vida

pasada su aurora

sabe que un día morirá

ortigas

crisantemos

      marchitez

riachuelo triste que lava

la mugre de las fisuras

lánguida tez

        oh rostro

fruncidas tus cejas

por la edad

párpados cerrados

descanso de la vida amarga

son los desvelos que arrugan

lloro

me siento abrumado

      día siguiente

despiertos

los ojos tornan

al antro del desengaño

en cejas

      la vieja herida

de nuevo abierta

algo la ulcera

      la ahonda

debe ser el tiempo

encima de los pómulos

dos lagos negros

soñolientos

      tristes

la culpa la tiene la luna

ahora se abren

veneran al sol

pues el desvelo es eterno

      faz oscura

tirada ahí

lamida por un gato

mientras que a la nariz

un moco remoto

la tapa

efervescencia de la máscara

se engalana ante el espejo

Lucifer quiere lucir

        quién sabe

cae el telón

en épocas de amargura

el *botox* es maléfico

vivimos en un mundo hecho

de trampas para pendejos

en el cerebro desastre masivo

prohibido pensar

pierdes la memoria

        oh belleza

cráneo calvo

     peluca de farsa

     cara demacrada

descolgados párpados

     orejas velludas

     pómulos salientes

trompa forrada de pelos

bigote canoso

boca desdentada

     labios refundidos

     piel donde la muerte

incuba sus huevos

Noviembre 9 de 2002

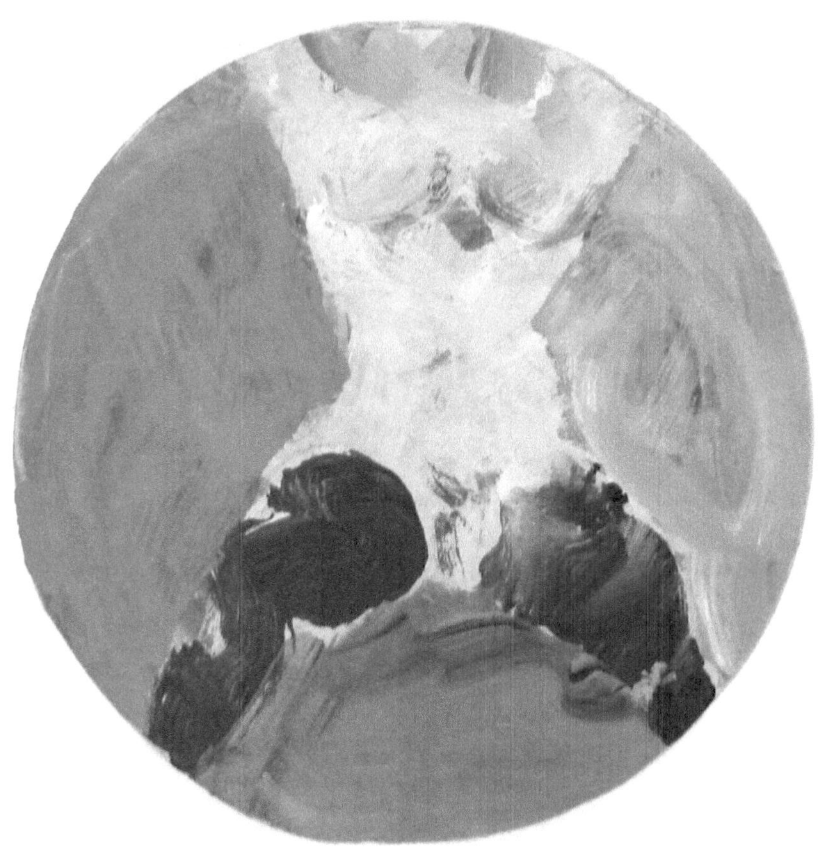

95

FINA ESPOSA VERTICAL

97

Dame, fet il, n'eiez poür !
Gentil oisel ad en ostur.

Marie de France

fina esposa vertical

al tomar las cosas

como vienen

soñadora y tendida

sobre su piel

        invisibles

las flores negras del ser

cónyuge entre espejos

levantada de tierra

en su metempsicosis

        masculina

ninguna certidumbre

calma su alma

su morada riela

más bella y celeste

abierta al rumor

del manantial lleno

de noche siempre admirativa

imperiosa se baña

en los flujos prohibidos

magnificencia

de su carne sedosa

grandiosidad

de su dolor sereno

fulgor desde entonces

su cuerpo abierto

ante la frialdad

hela aquí

    fina esposa

su caricia

nimbo de la llama

el viento del sur la adora

su mano del buen lado

donde los pájaros del norte

vienen a cantar

sin echarle mano

      negra de amor

ella se va

hacia los espejos

de sueños olvidados

donde quiera que haya mar

        y olas

su inmensa ficción se extiende

sus cabellos en el agua

hasta donde alcanza la vista

        como algas

reunidas

tanta espumosidad

nacida de una visión

en su cuerpo joven

gesticulan las señas

del magnetismo animal

no para entonces de cantar

bandadas de hombres

entran de nuevo en su alcoba

dueña de su cuerpo

deshilvanando el hilo de la

inexistencia

y bailando un vals

vestida de requiebros se aleja

alcanzarla sería

un imposible viaje

tantos tal vez

impaciencia en el corazón

entre vacío y olvido

su rostro fomenta el amor

ojos ciegos de la ira

       sin esperanza

errantes en un tiempo

de lluvia y lejana pasión

ancolía a veces en su espíritu

incesante habita los lamentos

al ver las rosas morir

    polvorientas

vertical y sin nombre regresa

su última huella sangra

amanece del otro lado

de la niebla

sus serpientes de amor

    en calor

        pasan

la soledad de la fuente

Febrero 17 de 2001

RASTRO DE LO ÍNTIMO

... Cielo que sirve de vela al trazo ávido de luz. Pincel y su deriva, rápido esbozo de cuerpos cubiertos por sombras. A veces el rastro, reflejo del instante, traslumbra el mirar con lo que nunca se muestra.

… Luz venida del fondo, comunicada a la faz de quien proyecta sin miedo su intimidad. Un mirar inocente, inmediato y abierto para vencer la ceguera, aclarar el pensar y trasegar lo invisible.

... Difícil hablar de un tal abandono. ¿Qué decir de esas líneas entrecruzadas en un afuera donde la palabra duerme, de ese vacío que existe como plenitud y de esos arabescos sobre la nada destinados a reintegrar el olvido? ¿Qué más decir? Callar. Dejarle al ojo la dicha de ser ave.

… Cada pincel posee su tacto, el testimonio que concibe la prueba de la unidad. Con la condición de que en el instante de la pincelada, aflore sobre el papel la espiga fugaz del ser.

… Retomar los pinceles, difícil vivir sin ellos en el vasto mundo de altas sombras. Azorado esculco el gris que resulta de la opacidad ambiente. El rastro de lo íntimo, a pesar del mal tiempo, se perfila en la trama.

… Pintar sin tregua y así morir. Nací en una oscura cueva. El rastro se esfuma, vuelve a ser polvo, a fuerza de ser borrado ya no es más que viento de una voz seca. Mudez de lo blanco. El color ligando riberas asume la niebla. Expuesto entonces lo informe, cascada quizá del azar o de la evanescencia… Carne carmesí, acuchillada para que brote el misterio de la sangre.

... Desnudez sin nombre, sin culpa, parada, acostada, sin horizonte ni suelo, pero libre de toda promesa, de toda fidelidad, de todo atavío y de todo concepto.

… Desde esta urna que es el tiempo, oír el soplo de la noche, acusar al sol de haber erigido en su corazón la crueldad. Pincel huidizo, tu violencia es letal.

… Vértigo que hace pensar al extinguido vivir. Difuminadas las puertas que son la única realidad. Fragmento entonces de luz bajo los párpados. Se abre la noche, ojos buscando estrellas recogen, deleitosos, las letras de nuestra ausencia; con el pincel como lengua las pronuncian o las dejan desgranadas sobre el lienzo.

… Esta luz que gotea colma lo negro. Premonición también de la sombra legada por la llama. fondo desbordado, incitando la nave al más puro naufragio. Abrazo explorando la bruma entre torsos. Rincón de tibieza, acuarela entonces de aquel amor fecundado por el tacto.

… Noche beatífica colmada de sueños, sueños ligados a la inmersión que me trajo cierto océano. Despertar medio ciego con la frase que adviene a despejar la testa: desaprender a pintar, recoger cada trazo en el lado oscuro de la luz.

… Mañana tamizada por un cielo húmedo. La sutileza del aire despeja lo que nos cubre de gris. Delante de tus ojos regresan los cristales. En la tangencia donde eres, comienza a imprimirse el rastro de lo íntimo. El mirar en su pozo, profundo y fascinado.

... "La noche también es un sol". Susurro de Juan de la Cruz. Perfecta antorcha para ahuyentar la humedad, hacer suyo el yacimiento y figurar el oro. Hace un frío ahora como si la llama del cuerpo acabara de morir. Ángel por el suelo, caído, amoroso, andrógino, abrazado tiernamente al último fulgor.

… Sendero de una presencia, momento que alegoriza lo oculto, pintura, silencio donde toda palabra es resaca. El punto, la línea, el charco o la mancha sondean el espacio, le otorgan huellas al pliego de este lienzo.

… Del fondo surge lo informe, responde al llamado del hálito, se liga y accede a la superficie como trazo.

… Un abismo limitado en sus bordes por la pantalla del caos trastorna el pensamiento, ordena todo silencio, singulariza el poema, le da su rastro a lo íntimo. En lo blanco la ausencia deja su tinta que corre.

… Sobre este lienzo maldito, nada toma forma. Siluetas, con la faz escondida, prolongan la ausencia. El papel se niega a darle morada a lo íntimo, se cubre de opacidad. Líneas indecisas quedan del amago de la mano.

... Fin del eclipse. Enseguida, instante de transparencia. Al mismo tiempo, pigmento de esta negrura amante de lo claro. Dicha, el mundo vuelve a tomar color; entre exterior e interior el fulgor llamado sol alumbra el ojo y lo guía.

… Cuerpos desnudos aman y aman, himeneo de fondo y forma. Entrelazados unos con otros hasta confundirse y desaparecer en el embrollo del trazo.

...   Extremidades amputadas. Torso griego siempre seductor, exhumado por la violencia de Eros. Las palpitaciones esculpen su pecho, el mínimo pliego revela un anhelo: ser tocado por los ardores que aman.

… El día drenado, el cielo irreprochable. La hoja del periódico de la cual me sirvo como soporte para pintar, a pesar de su aspereza, me imanta el trazo, alberga lo íntimo, invoca la aparición de lo abierto.

… Una pintura es una imagen de la ausencia que nos observa. Fulgor detrás de lo umbrío, un silencio que se perfila nos aleja de la opacidad donde obra el tacto.

… A flor de piel hospedado el tacto. Trazos del amor que nos dibuja. Por fortuna, la luna para esmaltarnos alumbra nuestro cuerpo. Copulación del ojo con la imagen, así aflora el rastro de lo íntimo.

… Sobre el mar de los lienzos, un velero transporta a Eros y a Psique hacia el ombligo de las tinieblas; una gota de oro vino a enturbiarles el rostro. El sentido se desdobla, el pincel en su danza barloventea y eyacula.

… Danza de algunos trazos. *Pas de deux* y arabescos de la línea que nos dota de sustancia. Dualismo de la huella, exhumada por la imagen y enterrada por el verbo.

... Suspenso en el epicentro donde se deshacen los trazos de la evidencia. Sobre el papel el contorno nos limita, produce a primera vista la saturación del vacío.

… Sol de noviembre a ras del suelo. El pincel en la oscuridad resbala y garabatea la claridad a tientas. En el fondo rectangular se imprime el más angosto círculo.

… Lo que importa es el flujo del pincel, captar la Nada donde habitan formas y no la narración lenta a la que tantas veces la reflexión nos obliga. La vida del pintor, una doble pesadilla.

… Mi yo imprevisible irrumpe, sobre la hoja. Absolutamente ebrio deja un reguero de signos. Sobre el blanco refulgente se exhibe la palabra. Observo este residuo en silencio.

… Tangencia en el lecho del amor. Ansioso de otra trama entrelazo cuerpos, que se tejen hasta enmarañarse. Pigmento la ausencia para pintar la presencia. Inhumar los muros que han hecho de mi cuerpo un templo inhabitado.

… Atracción de cuerpos que se revelan asidos por Eros. Sedientos, la lluvia de mil besos no los sacia. Transparentes se ven felices, amorosos. El hálito de viaje, la vida respira soñadora, comienza así la aurora de lo íntimo.

… Pinceles en fuego y aguas de lo abierto. Línea recta del pensar, trazo curvo del mirar. El pintor, entre la soledad y la ausencia, entre lo claro y lo negro, deja bogar su ente.

... Sumergido en la noche, venero el agua que gota a gota nos llena el ojo de luz. ¿Hasta cuándo esperar la claridad, sondear lo inaccesible?

… Por lo cóncavo ir convexo apoyado contra espejos que deforman la apariencia. Asediado por corrientes, necesidad de sótanos, de cuevas, para hallar a oscuras, sin censuras, lo abierto.

Julio 20 de 2005.

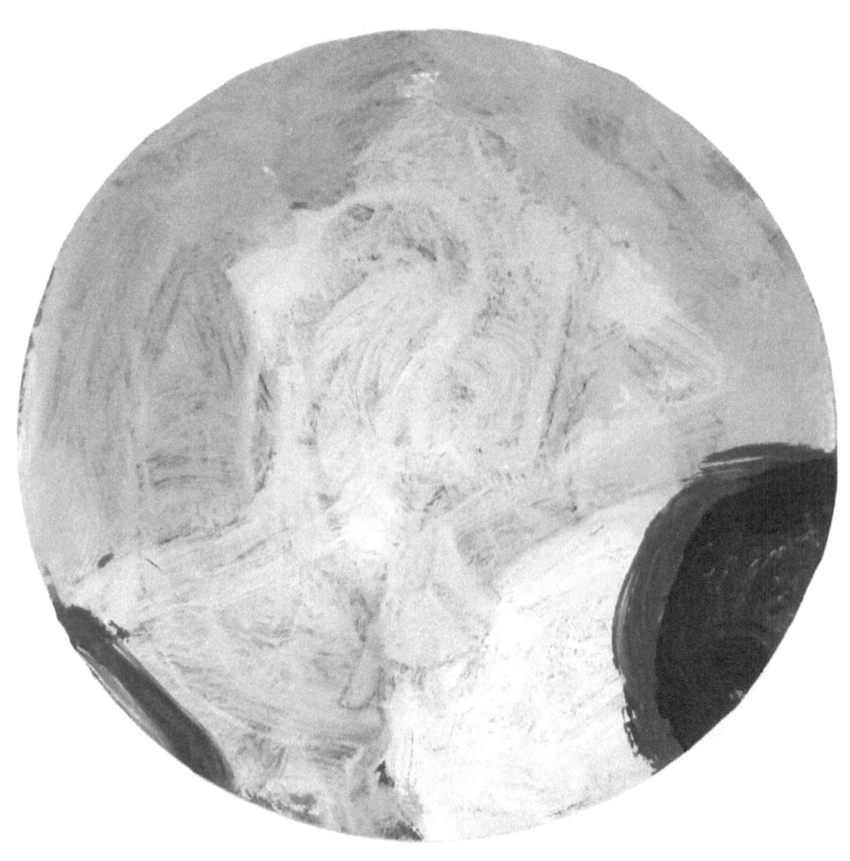

SENDA

niebla del día

embrujo de aromas

en la hojarasca

barloventea

la última serpiente

antes del invierno

preludio de pasos

zarzal de palabras

de una supuesta

lengua yerta

      cruces

      cercas

púas asesinas

atajan la savia

ya arrancadas

fragancia de helechos

      antaño

de un follaje intacto

que esparce

en la visión

la madera sin años

del fresco mundo

entre verde y malva

azul del pensamiento

que se vierte

luz argentina

       retintines

       reflejos

sobre el riachuelo

transvasa sus lágrimas

inextinguibles

       recuerdos

       mariposas

       brisa

vuelan hojas

crujido de ramas

cuando la escarcha

con su liquen blanco

coraza la tierra

       memoria

de un tiempo

más dulce y lejano

    regocijo

 aflujo de aromas

   jacinto

   lirio

   azucena

las regadas flores

de la orilla donde fui

   niño

   musgo

rocío matutino

por el cielo van

flamencos rojos

aquel sueño

de cruzar el océano

pero la vida

es un paredón

ante los ojos

y las

   sendas

son

   trampas

nuestros

      pasos

extraviados

sobre el humus

del barranco

por suerte

un cortejo

de hormigas rojas

nos va guiando

.volver al trayecto

      vahído

olvido total

y aquello se esfuma

en la lejanía

nubes o presagios

siluetas etéreas

galopando

aquí y allá

      cañaveral

borde de lo tácito

      flautas

                    furias

                    hadas

          fecundado el bosque

          por un hálito

          lleno de rumores

          tierra apacible

          paz en sus raíces

          la sombra cobalto

          de tallos y esa

                    fuente

          aguamiel

          que todo embriaga

          y ese ramaje rubio

          liquen ocre

          sobre la corteza

          contornos diáfanos

          distancia negada

          por el andar

          de aquel ir en

                    abandonos

          riachuelo fecundo

en él todo canta

siento que lo escucho

yendo hacia el ocaso

otro

        paso

tornadizo

        trigo

murmullo de hojas

Eco

su implorado amor

        senda

sobrevolada

por una bandada

de pensamientos

aciagos

sed de raíces

aves entre nubes

presiden la lluvia

        cielos

águila de rayos

yacimientos claros

contienen lo negro

anguila de fango

      sedimento

y

      vaho

      nenúfar

      estambres

      jardines

      ají

      anís

      menta

      fragancia

respiro

caballitos del diablo

de la

      infancia

      llanto

      sauce

Narciso

su reflejo desbordado

ese momento de amor

del rostro

que la muerte ama

ya negado

fuente menos clara

su mágico espejo

evaporado

cauces de lo fusco

estela visible

la barca del Hades

el sol decayendo

colores idílicos

la oscuridad da lugar

a un horizonte

que no acaba

de desplazarse

es la hora de

dar rienda suelta

al caballo del

      reconcomio

      ofrendas

logos voraz

anidado en sotos

bajel de la noche

silbos del caucau

se dispara el miedo

ocultas en sombras

níveas ranas

entonan un himno

la luna hechicera

aclara los pasos

senda menos mía

vieja como el

        mundo

todas tus espigas

de nuevo relucen

vía de la claridad

entre tus cascajos

las

        huellas

de un zorro

Febrero 17 de 2005

CAQUI

Homenaje a MOU-K'I

pintor de lo tácito

caquis del alba

radiantes

en el portal de la noche

sacudidos por el viento

al caer

estampan

el papel de arroz

            luego

de un cierto imposible

eterizados

por *Mou-k'i*

recogidos

en las ramas de lo real

    el pincel

goteando la tinta

restaura lo invisible

171

mirada que los eterniza

que ve

el invierno desnudar

los árboles

entre la niebla

anaranjado y

       efímero

fruto de cenizas

a cosechar en otoño

cuando se desenchufa

la

  espiga

embrujo restituido

en el ojo de

Mou-k'i

la barca del opio flota

el pincel la sigue

yendo

por su estela

y la nieve del camino

se apilona

cerca de ti

      demuda

ya es la hora

las señas están heladas

175

aurora

hábito de abismo

incorporando el pintor

al flujo del color

trazo fluido

del velero

        bogando

revelando

islas

de la transparencia

cuando como luna

te ves lleno

el sentido fino

bruma de este

                mundo

de otra manera

vivida

olas

permanecen fijas

el fondo del agua

clarea

me acerco

        miro

y pinto

sin darse cuenta

Mou-k'i

poeta sin palabras

habita de nuevo

el nido del gorrión

calcado lo impalpable

trazo si puro

el pincel sin peso

revela lo leve

caqui

que yo busco en vano

    entre

las ramas sin hojas

del árbol de la muerte

el horizonte

se esfuma

con la bruma

Mou-k'i

mago atento

lo pinta sin verlo

fruto brujo

que imita los astros

maduro

recogido

y catado

por *Mou-k'i*

la noche entera

Noviembre 11 de 2002

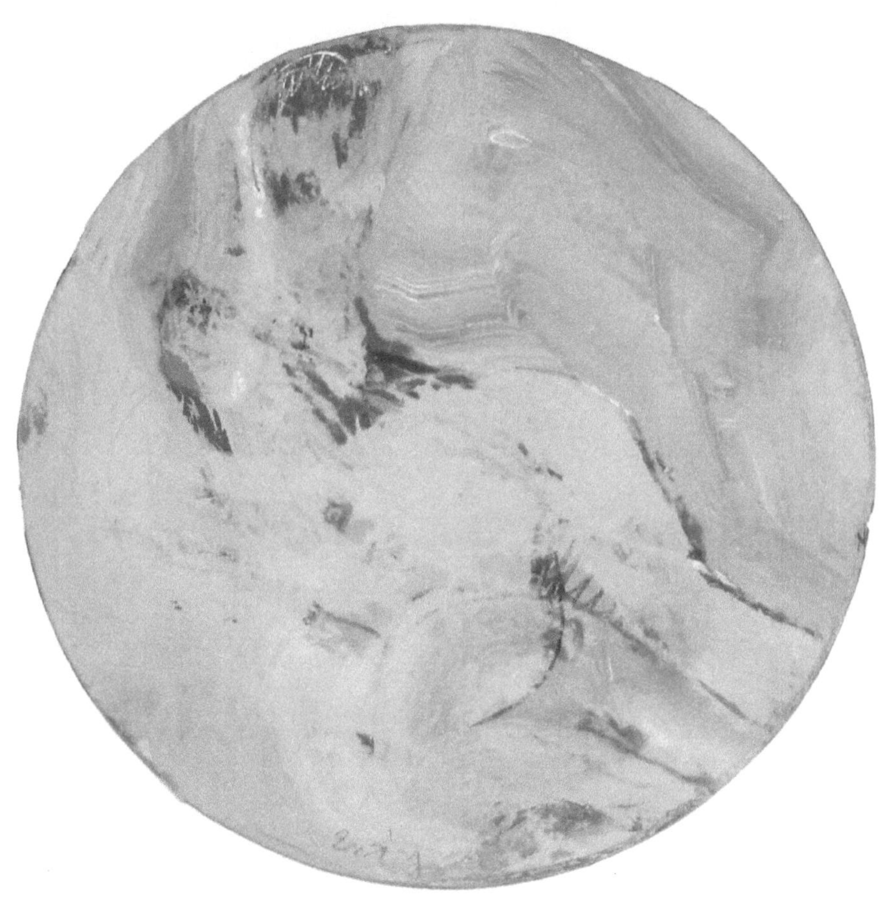

PALABRAS DE OTOÑO

trémulas caen

más prontas que lo previsto

el sigilo desatado

con él las ganas

de buscar setas

¿cómo encontrarlas

en ese atajo

hinchado de hojas?

hojarasca del albur

que conduce a la morada

junto al arroyo

lluvia evocadora

celaje labrado

por tres colores

rojo

anaranjado

y violeta

palabras de otoño

alfombra de los orígenes

que nos espera

como un oasis intacto

musgo

zócalo de nuestro olvido

hongo

todopoderoso

por fin te asomas

genio supremo

mago afable

del color y sus festejos

sileno de lo ilícito

de lo frondoso

néctar

de la huraña tierra

que también embruja

el sentido con su miel

y con su silbo

escondidas

bajo la muscínea

duro es hallarlas

aunque inciertas

pergamino que perdura

suelo impoluto

donde la tinta

estampa silencios

tuétano como lago

sorbido en la fuente

que riega

antes que la nieve caiga

 las rojizas

hiedras de Ceres

Octubre 12 de 2005

Libros de Enán Burgos publicados por Pleamar Ediciones y disponibles en Amazon:

En casa del susurro. (Español – poesía y prosa).

Del crepúsculo con toda suerte de pájaros. (Español – poesía).

5 notas para un acordeón (Español – poesía).

Athaix toix pixel o el libro de los mensajes. (Español – poesía).

Antología del agua. (Español, poesía y prosa).

Je n'est plus un autre. (Francés – poesía).

Au kilomètre 0. (Francés – poesía).

Main dans la main. (Francés – teatro).

K.O. (Francés – teatro).

La femme escabeau. (Francés – teatro).

Otros editores:

Nudité / Desnudez. Editorial Fata Morgana. (Poesía bilingüe francés – español).

Sable. Editorial Fata Morgana. (Francés – poesía).

Mala sangre. Editorial Color Gang. (Poesía bilingüe francés – español).

Poésie libertine de chaussures. Editorial Color Gang. (Francés – poesía).

A l'aube du sacré. Editorial L'Harmattan. (Francés – poesía).

La satira del pomodoro. Editorial La stanza del poeta. (Sátira, bilingüe italiano - español)

DEL CUERPO Y SUS ECLIPSES

Publicado por Pleamar

Marzo 21 del 2015.

Día de los tres millones de poemas caídos del cielo en Sète.

Los nueve poemarios aquí reunidos bajo el título del Cuerpo y sus eclipses, son los definitivos y anulan así pulidos las anteriores versiones. Corresponden al ciclo comprendido entre los años 2000 y 2005.

Montpellier – Francia

http://pleamareditorial.free.fr

http://enanburgos.fre.fr